Coleccción Vestigios Culturales

Mujeres ficticias de la Historia

Jesica Sabrina Canto

Coleccción Vestigios Culturales

Mujeres ficticias de la Historia

ENIGMA EDITORES

La escritura es un enigma
que aroma el salvaje misterio

Canto, Jesica Sabrina
Mujeres ficticias de la Historia / Jesica Sabrina Canto. -
1a ed . - CABA: Enigma Editores, 2019.
70 p. ; 21 x 14,8 cm
ISBN 978-987-4939-40-1
1. Poesía. I. Título.
CDD A863

Contacto con la autora:
jesicasabrinacanto@gmail.com

Edición y maquetación: Jesica Sabrina Canto
Ilustración y diseño de portada: Alessandra Ferrazzano Pescara

Enigma Editores: www.enigmaeditores.com.ar
enigmaeditores@yahoo.com.ar

ISBN: 978-987-4939-40-1
Hecho el depósito que marca la ley 11.723

En todo momento de mi vida hay una mujer que me lleva de la mano en las tinieblas de una realidad que las mujeres conocen mejor que los hombres y en las cuales se orientan mejor con menos luces.

Gabriel García Márquez

Prólogo

Mujeres ficticias de la Historia es el primer libro de la *Colección Vestigios Culturales*. Estos poemas presentan a diferentes Diosas mitológicas de diversas culturas elegidas al azar. Son descripciones al estilo de un bestiario, que en su conjunto permiten pensarlo como un ensayo de las similitudes y diferencias, de cómo se representaba a las mujeres en la antigüedad, sus funciones y el rol que ocupaban en las sociedades de diferentes territorios.

Diosas es el nombre que reciben las deidades femeninas. Fueron adoradas por diferentes religiones y culturas antiguas. Frecuentemente estaban asociadas con la fertilidad, la maternidad u otras imágenes femeninas comunes. Sin embargo, también las había relacionadas con la guerra, la sabiduría, el mar o el conocimiento. Solían ser parte de grupos de deidades de ambos sexos y, en algunos casos, incluso deidades hermafroditas.

El tema de la reproductividad de las Diosas (así como también de los dioses masculinos) está relacionado con los mitos creacionales del mundo. El principio femenino se asocia al surgimiento del cosmos, y de allí derivan las ideas acerca de la existencia de una Diosa Madre o Madre Tierra.

Algunas Diosas aparecen como figuras representativas del comportamiento adjudicado a las mujeres en su época y cultura. Pero a otras, se las relaciona con la guerra, la caza, la dominación, la violencia y el poder, con el espíritu perfecto y la sexualidad autónoma. Cosas que, en la antigüedad y en la mayoría de las sociedades, eran atributos del género masculino. Incluso, algunas deidades femeninas combinan características de ambos tipos.

En las diferentes culturas, las Diosas tenían varias funciones importantes: asegurar la fertilidad de los cultivos, proteger a la monarquía y los cultos religioso, asegurar la victoria en las guerras, entre otros. Pero no se ha podido establecer un culto universal a una Gran Madre.

En algunos casos, las Diosas estaban relacionadas con el surgimiento de grandes ciudades y de la monarquía, eran consideradas como el origen de las organizaciones sociales de mayor complejidad. Mientras que en otros, las Diosas eran únicamente compañeras de las deidades masculinas o se incorporaron desde cultos chamánicos más antiguos.

Diosas

Deidades femeninas,
objeto de culto y adoración.
Diosas
de la fertilidad, de la maternidad
de la guerra, de la sabiduría
del mar, del conocimiento.
Diosas primigenias.
Diosas independientes e invulnerables,
artistas, innovadoras.
Esposas, Madres, Hijas.
Diosas de gran fortaleza, creadoras,
capaces de contención.
Diosas de sanación,
relacionadas con el agua y el fuego,
conectadas con emociones sutiles.
Diosas oscuras – de sombras,
la ira, el resentimiento, el caos.
Diosas de la compasión.

Mujeres ficticias de la Historia.

Atenea

Sabia y estratega,
ha sido mentora de héroes.
Nacida del cráneo de Zeus
luego de tragarse a Métis.
La inteligencia la caracteriza,
un búho acompaña su andar.
Consejera y protectora
de la ciudad y de las instituciones políticas.
El olivo es su símbolo de soberanía.
Patrona de los hábiles artesanos,
es la musa más codiciada.
Su ciudad es Atenas y su templo el Partenón.
Ni tímida ni escrupulosa,
Diosa de la guerra justa,
con lanza, casco y coraza,
en constante desacuerdo con su hermano
Ares, dios de la guerra violenta.
La Diosa virgen,
a quien los fluidos masculinos asquean.
En un intento de violación,

el semen toco su pierna
originando un bebé híbrido,
no deseado.

Única mujer en el campo de batalla.

Mitología griega.

Freya

Hermosa.
Prendados de ella los dioses
le concedieron el reino de Folkvang
y el palacio de Sessrymnir.
Albergaba en ellos a los muertos en batalla.
Invocada para el amor y los buenos partos.
Las joyas eran indicadores del estatus social
y ella poseía el Brisingamen, el collar de oro
que representa el sol y el ciclo de día y noche.
Su capa de plumas de halcón le permite
convertirse en ave y volar sobre los mundos.
Diosa guerrera,
conduce un carro tirado por grandes gatos,
sus animales sagrados.
Su esposo viaja por largas jornadas
y ella derrama lágrimas de oro rojo.

Diosa de la belleza y el amor.

Mitología nórdica y germánica.

Lilith

Deidad oscura, Diosa del sexo.
Demonio de los sumerios.
Espíritu femenino más antiguo del mundo,
presente en la Tabla de Gilgamesh,
del año 2100 a. C.
Mujer hermosa, Mujer del pecado,
La primera, La rebelde,
Su nombre significa La Noche.
Bruja, Súcubo, Hechicera, Vampiro,
de sexualidad incontrolable y peligrosa.
Madre de cientos de demonios.
Causante de la desolación del Edén.
Considerada la representación del caos.
Espíritu diabólico, inmundo y peligroso.
La mujer que rechazó ser inferior al hombre.
Fuerte e Independiente.
Símbolo del poder femenino.
Venerada por paganos.
Musa de artistas.
Mitad mujer y mitad serpiente,

que rodea el árbol del conocimiento.
El ser más bello del mundo.
Bruja blanca,
hermosa, peligrosa y cruel.
Patrona de los abortos.

Diosa de las mujeres independientes.

Mitología mesopotámica.

Artemisa

Rectora de la caza
y de los animales salvajes.
Vive en el bosque y las colinas,
con la apariencia de una niña
de dieciséis años
y belleza inigualable.
Los ciervos, para ella criaturas sagradas,
tiran de su carro de oro.
Diestra con el arco y los cuchillos
ha vencido a fuertes rivales masculinos.
Diosa del parto, la naturaleza y las cosechas.
Diosa de la luna.
Amiga y protectora de la juventud.
Las jóvenes eran enviadas a servir en su templo
como preparación matrimonial.
La Señora de los animales.

Una doncella eterna.

Mitología griega.

Isis/Ast

Diosa del misterio y la sabiduría.
Es llamada Ast en egipcio, Isis en griego.
Guardiana de la magia,
ha curado al Dios Ra descubriendo su nombre.
Protectora de mujeres y niños.
Mujer alada, con un disco lunar en la cabeza,
es la Constelación de Orión.
Su lucha como esposa la relaciona con el misterio
de la muerte y la resurrección:
Casada con Osiris, buscó a su marido en el río Nilo,
donde fue arrojado encerrado en un cofre hermético.
Luego de encontrarlo, Set descuartizó su cuerpo
y expandió las partes por todo Egipto.
Ella los halló y los unió,
tuvo que crearle un pene de madera para completarlo.
Lo resucitó y se embarazó de él.

Isis no se rinde.

Mitología egipcia.

Selene

Diosa lunar.
Mujer de rostro pálido
con una media luna sobre la cabeza,
conduce un carro de plata tirado por bueyes blancos.
Hermana de Helios, dios del sol,
ella viaja a través del cielo al caer la noche.
Patrona de la felicidad,
capaz de aliviar el dolor del parto
e inspirar amor.
Su poder le permitía enmascarar la realidad
tanto como destruir la ilusión.
Amante de diversos dioses,
se bañaba en las aguas del mar terrestre
antes de iniciar su recorrido por el cielo.
Enamorada de un humano,
lo contemplaba mientras dormía.

Doncella, Madre y Vieja Hechicera.

Mitología griega.

Xochiquétzal

Flor hermosa.
Diosa de la belleza,
el amor y el placer sexual.
Vivía encerrada,
en un paraíso desolado,
sumamente vigilada,
solo la veían los que la servían.
Era entretenida con música y bailes,
debía enviar mensajes para hablar con otros dioses.
Sin otras ocupaciones, pasaba sus días tejiendo.
En su morada había un árbol sagrado
pleno de flores,
quien lo tocara se enamoraría perdidamente de ella.
Un día un dios cortó una flor,
y la sedujo con brusquedad,
el árbol herido se partió en dos y comenzó a sangrar.
Por ese pecado
fueron expulsados de la tierra,
se convirtió en Diosa de adúlteros y las inmundicias,
mientras que él

pasó a ser dios de la danza y el canto.
A ella se le ofrecían sangrientos sacrificios humanos,
una virgen debía casarse con un guerrero
y luego de un año era desollada
para que un sacerdote vistiera su piel.

Flor de Plumas Preciosas.

Mitología azteca.

Bastet

Diosa de los gatos,
también denominada Bast,
protectora del hogar
símbolo de la alegría de vivir,
deidad de la armonía y la felicidad.
Personificación de los cálidos rayos del Sol,
asociada a la Luna,
protectora de los nacimientos y las embarazadas,
de enfermedades y malos espíritus.
Diosa pacífica,
representada con rostro felino o forma de gato.
Enfadada se transforma
en una mujer con cabeza de leona.
Podría mostrarse tierna o feroz.
Considerada madre del rey,
lo ayuda y protege para alcanzar el cielo.
Señora de la estrella Sirio,
la desgarradora,
pese a su carácter principalmente benigno.
En su honor se realizaba la fiesta de la embriaguez,

donde se bebía vino y se bailaba
para que la Diosa estuviera contenta
y mantuviera su forma pacífica.

Una Diosa impredecible.

Mitología egipcia.

Amaterasu

Diosa del Sol.
Enseñó a los humanos a plantar arroz,
es asociada a la fertilidad de la tierra.
Pasaba las tardes tejiendo,
un día su hermano le envió un obsequio:
el cadáver de su caballo amado.
Dolida, se aisló.
Escondida en la cueva del cielo
el mundo se volvió oscuro,
y los espíritus malos quedaron libres.
Engañada se asomó afuera,
creyendo que había una fiesta,
viéndose por primera vez en un espejo.
Fascinada por su reflejo salió de la cueva
cubriendo una vez más
de luz el mundo.

Mujer curiosa.

Sintoísmo, religión japonesa.

Scatha

Diosa de la magia y la guerra.
La gran guerrera,
la que provoca temor,
la sombra.
Vive en la isla de Skye, en Escocia.
Ella enseñó a legendarios héroes celtas
todas sus habilidades:
la magia en el campo de batalla,
movimientos estratégicos
y artes marciales.
De lejos viajaban para aprender con ella,
durante un año y un día.
Tumbas y altares hay en Inglaterra y Rumania
en su honor.

Maestra de la guerra.

Mitología celta.

Gran Diosa Madre

Diosa tribal
del culto de las brujas.
Reina del Cielo,
abarca y concibe toda la vida.
Es la suma de todas las otras diosas
de las distintas culturas.
Su símbolo es la Luna.
Ella representa la triada
Virgen, Madre y Vieja bruja.

La que da la vida.

Wicca, religión neopagana.

Gea

Diosa primordial,
surgida después del caos.
Madre Tierra
de donde surgen todas las razas divinas.
Ella sola engendró
al Cielo y al Mar.
Representada como una mujer longeva.
Creadora del Oráculo de Delfos,
poseedora de los secretos de los Destinos.

Madre universal.

Mitología griega.

Yemayá

Diosa del mar,
de sus pechos brotaron las aguas de los océanos.
Señora de la vida,
de ella nació todo lo que se conoce.
Reina de la creatividad y la naturaleza,
la de mayor fuerza y determinación.
Mujer indomable y astuta,
sus castigos son duros y su cólera indomable,
pero siempre actúa con justicia.
El azul del mar y el blanco de la espuma de las olas,
son los colores que la caracterizan.
Lleva con ella
un abanico redondo con la figura de un pez,
y una piedra blanca venida de las profundidades.
Es la más poderosa de las Orishas,
que dominando la superficie de los mares
mueve al mundo.
Protectora de los barcos y patrona de los pescadores,
Ella manda sobre todas las criaturas del océano
y trae las lluvias para nutrir la tierra.

Guardiana de los embarazos,
como invocadora de la femineidad
posee las características propias de la luna.
Ella enseñó a la humanidad a amar.

Dueña de las aguas, fuente de vida.

Mitología yoruba.

Coatlicue

Diosa de la vida y la muerte.
Usa una falda de serpientes
y un collar de corazones humanos
arrancados a las víctimas de los sacrificios.
Tiene garras afiladas en las manos y los pies,
es la representación de la Dualidad Universal:
su rostro son dos serpientes que confluyen.
Diosa de la tierra y la fertilidad,
ella es la esencia del Día de los Muertos.
Mediante la descomposición y degradación
hace a la tierra fértil.

Diosa de la Tierra.

Mitología azteca.

Kwan Yin

Diosa de la compasión.
Comprende los sentimientos de temor,
y rescata a quienes acuden a ella
del agua, el fuego y las armas.
Ha hecho voto de no entrar en los reinos celestiales
hasta que todos los seres vivientes
hayan completado su proceso de iluminación.
Es representada vestida de blanco,
parada sobre un pedestal de flor de loto,
con una rama de sauce en una mano
y un jarrón de agua pura en la otra.
Despliega sus brazos y estos se multiplican
para poder alcanzar a todos los que sufren.
Como Madre misericordiosa
oye las peticiones, de quienes desean
tener hijos.

La que oye el llanto del mundo.

Mitología budista.

Nut

La Grande que parió a los dioses,
Madre de Osiris, Isis, Set y Neftis.
Diosa del cielo,
creadora del universo y los astros.
Mujer desnuda curvada sobre la Tierra
que diariamente paría al Sol
el viaja sobre su cuerpo hasta llegar a su boca,
desapareciendo en el interior y renaciendo
al día siguiente.
Es protectora de los muertos,
da a los difuntos la facultad de renacer en el Más Allá.
En los sarcófagos se la representaba
con las alas extendidas.
Su morada es un sicómoro,
una higuera, en Heliópolis,
sus ramas son refugio de las almas cansadas.

Madre del Sol.

Mitología egipcia.

Ixchel

Diosa del amor, de la gestación,
de los trabajos textiles y la medicina.
Diosa de la Luna,
sus hijas fueron las Diosas
de las aguas, de la noche y del paraíso.
A veces considerada maléfica,
es representada como una anciana
vaciando un cántaro lleno de agua sobre la Tierra,
regando la cólera sobre el mundo,
o tejiendo en un telar.
Bajo su protección están quienes visiten
Cozumel, su isla sagrada.
Los hombres acudían, para que les dijera los oráculos,
las mujeres, para pedir poder engendrar muchos hijos.
Ella representa la fertilidad de la tierra.

La que rige los ciclos de la vida.

Mitología maya.

Brigit

Doncella, Madre y Anciana,
Pasado, Presente y Futuro,
Mente, Cuerpo y Espíritu,
Fertilidad, Crecimiento y Muerte.
Hija del dios bondadoso y la diosa de la guerra.
Diosa del fuego:
sanadora, forjadora e inspiracional.
Patrona de los artistas:
poetas, bardos y músicos.
Ella forja al guerrero para la batalla.
Puede sanar
el cuerpo, la mente y el espíritu.
Su llama sagrada en Kildare estaba rodeada
por un seto que ningún hombre podía cruzar.
Quienes lo intentaron fueron maldecidos
con la locura, la muerte o la impotencia.

Diosa de la trinidad.

Mitología celta.

Epona

Diosa de los caballos,
de la fertilidad y de la naturaleza,
asociada con el agua, la curación y la muerte.
Se la representa sentada al lomo de un caballo,
de pie en medio de una manada
o alimentando a los potros.
Como una ninfa acuática u ondina, en la Galia,
vestida de largos ropajes,
con un manto y una diadema sobre la cabeza,
o desnuda.
Puede tomar aspecto de yegua.
Era la deidad preferida de la caballería romana,
existieron monedas en las que se la mostraba
con cabeza de caballo
e imágenes suyas que adornaban
las caballerizas y los establos.

Diosa de la abundancia y la prosperidad.

Mitología celta.

Sejmet

La Feroz,
La Diosa Guerrera y la Venganza.
Acompañaba al faraón en la batalla y lo protegía
de sus enemigos.
Era La Dama de la Montaña del Poniente,
soberana de la Cámara de las Llamas.
Se le ofrendaba la sangre de animales
sacrificados para apaciguarla.
La que frena la oscuridad,
patrona de los médicos: con su brujería sanaba.
La Diosa del Amor,
la más linda entre los Dioses,
Soberana del desierto,
al cual creó con su aliento.
Rige sobre los leones y las serpientes.
Una Mujer vestida de rojo con cabeza de leona,
que porta lanzas y otras armas.
Hija del dios Ra,
es una de las representaciones solares,
descendió a la Tierra

para castigar el comportamiento humano,
devorando a quienes
le habían faltado el respeto a los dioses.
Debido a los festivales
de embriaguez,
se transformó en Bastet,
la Diosa gata,
apaciguada.

La Leona Feroz.

Mitología egipcia.

Ixtab

Diosa del Suicidio,
esposa del dios de la muerte.
Divinidad de la horca.
Era representada como un Cadáver
con los ojos cerrados,
colgando de un árbol.
Protegía a los suicidas, en una cultura
donde quitarse la vida
era una forma honorable de morir.
Los acompañaba a un paraíso especial.
Es el psicopompo.

Guía de almas.

Mitología maya.

Oshun

Orisha de las aguas dulces,
dueña del río y de la femineidad.
Diosa de la piel.
Símbolo de la sensualidad, la coquetería,
la sexualidad, el amor y la fertilidad.
Culpable de que dos hombres se maten por ella.
Eternamente alegre,
con el tintineo de las campanillas de su vestido.
Dueña de la dulzura y la miel,
ella ha implorado por la raza humana.
Una mujer jovial,
lleva un cántaro con cinco piedras y agua de río,
collares de cuentas amarillas y doradas,
un abanico de sándalo y plumas de pavo real.
Bailando muestra la dulzura
del sexo y la vida.

La que cuida los secretos de los ríos.

Mitología yoruba.

Ishtar

Dama bélica,
exponente del amor y la licenciosidad,
de la intemperancia y la violencia
caprichosa.
Inspiración para la acción.
Aparece en las tablas de Gilgamesh.
Hija del dios lunar,
su símbolo es una estrella de ocho puntas.
Asociada al león
y a Venus, como estrella de la mañana.
Es representada de pie, completamente desnuda,
con las manos encima del vientre,
o sosteniéndose los senos,
o blandiendo un arco
sobre un carro tirado por siete leones.
Protectora de las prostitutas
y de amoríos extramaritales.
No es una Diosa del matrimonio,
no es una Diosa madre.
Es la Dualidad,

Creación y Destrucción,
Fuerza de la Naturaleza.
Puede ser invocada para el bien o para el mal.
Capaz de conceder cualquier deseo.

Mujer de la promiscuidad.

Mitología babilónica.

Sarasvati

Diosa del conocimiento,
del aprendizaje y de las artes.
La de los pensamientos veraces y del perdón.
Diosa fluvial, relacionada con el río Sárasuati.
Es la que fluye, en la mente,
en las palabras, en las ideas.
La mujer más pura, la que enseña:
"El conocimiento es el camino hacia la liberación"
Habita el mundo,
pero su morada está en el cielo más elevado.
Las ofrendas a ella deben de color blanco,
y siempre se la verá
llevando un libro en sus manos.
Se la representa con cuatro brazos,
los cuatro aspectos de la inteligencia humana:
mente, intelecto, estado de vigilia, ego.

La mujer del lenguaje.

Mitología hindú.

Pelé

Diosa del fuego,
el relámpago, la danza,
los volcanes y la violencia,
que habita en el volcán Kīlauea.
Ella es responsable de las erupciones de lava.
Diosa de la pasión divina
y de las energías purificantes del fuego.
Su hermana mayor era diosa del agua,
en una pelea entre ellas
Pelé perdió a su amado
y desató su furia sobre la isla
hasta que un nuevo amor llegó a ella
apaciguándola.

Diosa salvaje y rabiosa.

Mitología hawaiana.

Oya

Diosa de las tempestades,
es el viento que arrasa
y arranca los árboles desde la cima.
Orisha guerrera,
la única que puede dominar
a los Eggunes, espíritus de los muertos.
Autoritaria pero sensual.
De temperamento fuerte,
dominante e impetuoso.
Sus características son ajenas al ideal femenino.
Ella bailó con la muerte y la venció,
volviéndose Dueña
de la entrada del cementerio,
en cuya puerta o alrededores vive.
A ella se le pide por cuestiones de amor.

Amazona intrépida y violenta.

Mitología yoruba.

Deví

Madre Divina.
Aspecto femenino del Ser Supremo,
parte sin la cual,
el aspecto masculino, que representa la consciencia,
queda impotente y vacío.
Corazón de todas las Diosas.
Se relaciona
con la energía del universo,
con la fuerza creadora que da la fertilidad a la tierra.
Se manifiesta en los amaneceres y los ríos.
Es acción,
construye y destruye.
Es la dulzura suprema de la devoción.

Divina energía femenina primordial.

Mitología hindú.

Erzulie

Diosa del amor,
la dulzura y la sensualidad,
de la generosidad, las artes y la danza.
Le pertenecen
los ríos, los lagos, los manantiales, las cascadas.
Su santuario en Haití
es el Salto de Agua,
donde ofrece purificación y sanación a sus fieles.
Es el principio femenino,
asociado con la maternidad,
la belleza y el placer sexual,
la muerte y la guerra.
Ella usa tres anillos de boda,
uno por cada uno de sus tres esposos.

Guardiana del amor.

Vudú, religión africana y haitiana.

Mawu

La Luna,
la que ofrece temperaturas más frías,
expresión
de sabiduría y longevidad.
Madre vieja
que vive en el Oeste,
junto a su pareja Liza, el dios del Sol.
Los eclipses se dan cuando hacen el amor.
Su hijo Gu es el dios forjador,
la herramienta divina,
con la que crearon el mundo.
Ella es patrona de la fertilidad,
de la alegría y el descanso.
Enseña a sus fieles a vivir
en armonía con la naturaleza.

Diosa de la noche.

Mitología africana.

Tiamat

La Madre Abismo, monstruo primitivo.
Diosa
del Caos y la Creación.
Ella es el principio femenino,
el agua salada del mar,
las potencialidades del caos primigenio.
En unión con Apsu,
el principio masculino, el agua dulce,
dio nacimiento
a dioses y animales.
Pero uno de sus hijos mató a su esposo,
y ella
enfurecida
creó una legión de demonios
para vengarse.
Fue vencida, encadenada
en los pozos
del abismo,
partida en dos,
de su mitad superior surgió el cielo,

de su mitad inferior surgió la tierra firme.
Y de sus lágrimas
las nacientes de los ríos Tigris y Éufrates,
donde florecieron
las antiguas civilizaciones.

La creadora del mundo.

Mitología babilónica.

Ceridwen

Bruja,
poseedora del caldero de la Inspiración y la Sabiduría.
Diosa de los ritos neopaganos.
Doncella, madre y bruja,
Luna Menguante dentro del ciclo lunar.
Lleva con ella:
Un caldero, símbolo
del principio femenino, de la transformación.
Una cerda, símbolo
de fertilidad y sensualidad.
Es patrona de la muerte y el renacimiento,
la inspiración, creatividad y adivinación.
Ella pondrá a prueba
a los aspirantes a su conocimiento
cambiando de forma,
desafiándolos de manera física y psíquica.

Diosa de los ciclos de la vida.

Mitología celta.

Samovila

Diosa protectora de los animales,
que vive en lo más profundo de los bosques.
Induce a la muerte a quienes insultan su voluntad,
danzando en su mágico círculo,
haciéndoles caer de un barranco o al río.
Es capaz de convertirse en
halcón, pato, serpiente, caballo,
remolino o huracán.
Enseñó a los humanos la manera correcta de hacer
las ceremonias
en lunas llenas
para que el Sol siga saliendo.

La que cambia de forma.

Cultura vinca.

Gullveig

Misteriosa.
Diosa Gigante.
Inició la guerra
entre las dos principales tribus de deidades.
Ella es la avaricia.
Fue arrojada a la hoguera,
tres veces salió viva
y fue rebautizada Heid.
Diosa de la magia maligna.

La discordia.

Mitología nórdica.

Chalchiuhtlicue

Diosa de los lagos y corrientes de agua.
Es representada sentada sobre sus talones,
vistiendo un poncho en pico,
llevando en su cabeza
un tocado con borlas y un abanico de papel.
Su símbolo es la piedra de Jade,
en relación al color verde de su falda,
de la cual discurría un torrente de aguas cristalinas.
Llevaba con ella un palo con sonajas.
Ante la carencia de agua,
se sacrificaban niños,
arrojando sus corazones a los remolinos del lago
e invocando cantos,
para procurar que la Diosa
enviara las lluvias.

Diosa del agua que fluye.

Mitología azteca.

Renenutet

Diosa de la suerte.
Su aspecto es de mujer con cabeza de cobra,
y lleva una corona
de dos plumas, un disco solar y cuernos de carnero.
De carácter benéfico,
es protectora del niño real,
la nodriza divina.
Patrona
de la fertilidad y las cosechas.
Con su mirada podría matar a los enemigos.
Diosa de la abundancia,
para ella es la primera gota
de agua, vino y cerveza,
y el primer pan.

Diosa protectora.

Mitología egipcia.

Cibeles

Madre Tierra.
Diosa de las cavernas y las montañas.
Señora de la Naturaleza y los Animales.
Deidad de vida, muerte y resurrección.
Es representada con una corona
con forma de muralla,
viajando en un carro tirado por leones,
como una mujer con muchos pechos.
Sus sacerdotes eran castrados
como contribución
sacrificaban toros y bebían su sangre.
Ella es la más antigua,
adorada desde el periodo neolítico,
la edad de piedra.
Es el origen de otras Diosas primigenias,
como Rea y Gaia.

Madre Naturaleza.

Cultura frigia.

Nerthus

Diosa
Madre, Hermana y Amante.
Se la festeja en primavera
y se la representa sentada sobre un carro
tirado por dos vacas
y cubierta con un velo.
Su culto fue originado en la edad de piedra,
es adorada
como Madre Tierra.

Diosa de la fertilidad.

Mitología nórdica.

Índice:

Colección Vestigios Culturales

1. Mujeres ficticias de la Historia
2. Hombres ficticios de la Historia
3. Criaturas ficticias de la Historia
4. Piedra sobre Piedra

E-mail:
jesicasabrinacanto@gmail.com

Web:
jesicasabrinacanto.wixsite.com/sitio

Facebook e Instagram:
Jesica Sabrina Canto

www.ingramcontent.com/pod-product-compliance
Ingram Content Group UK Ltd.
Pitfield, Milton Keynes, MK11 3LW, UK
UKHW041849190726
13854UKWH00002B/799